Quem é essa gente toda aqui?

Ricardo Terto

Quem é essa gente toda aqui?
Internet e acessibilidade no Brasil da pandemia

todavia

O ser do terceiro mundo digital é publicitário de si e agiota de angústia. Fuma prints de treta, dois maços por dia. Se assusta fácil, tem labirintite, acha que é presságio.

Brasil, 2020. Uma história recebida do primo do porteiro de um condomínio em Atibaia que ouviu isso de uma cobra chinesa que faz engenharia e que é mais ou menos assim — só estou repassando. Escrevi que no fundo do poço havia uma retroescavadeira. Faltou combinar com o poço. Decepcionado, porém não surpreso, mas puta merda. E daí? É que o brasileiro precisa ser estudado, entra no esgoto e não acontece nada. Errado, o Brasil entra no esgoto e improvisa um drive-in. O Brasil entra no esgoto e superfatura o bueiro. O Brasil entra no esgoto e faz uma live patrocinada pela cerveja. O Brasil entra no esgoto e constrói um cercadinho vip. O Brasil entra no esgoto e faz rinha de ratazana. O Brasil entra no esgoto, mas e daí?

Atrás da pilha de papéis higiênicos que lotavam três carrinhos de um vigilante cidadão, o repositor do supermercado aparecia usando um colete de onde podia se ler "Vamos Sair Juntos Dessa". Ok. Eu acho que eu tenho um spoiler.

I

Eu contei por quase toda a minha vida uma história sobre mim, mais precisamente sobre o meu nascimento. Eu tenho um leve afundamento craniano na nuca. Me lembrava bem de uma vez minha mãe comentando que eu nasci de fórceps e como foi o procedimento que causou essa pequena deformação. Logo criei toda uma teoria sobre ter vindo ao mundo puxado por uma ferramenta, como aquelas que ficam nos parques e shoppings em que você tenta pegar um bicho de pelúcia com um gancho de ferro, geralmente falhando repetidas vezes até assumir sua falta de habilidade.

Tive, ao longo da vida, diversas reflexões sobre isso. Em umas, me via sendo colhido como uma cenoura, em outras pensava muito sobre como esse afundamento era o que eu tinha de mais íntimo, por ser minha primeira interação com o mundo: antes mesmo do látex das luvas da equipe médica me tocarem, eu já ganhava uma marca para a vida toda, fruto desse contato inaugural. Raramente corto o cabelo na máquina zero ou um, porque o vale fica mais evidente, então é muito provável que a maioria das pessoas que me conhecem nunca tenha percebido.

Eu me apeguei a esse evento e o trazia junto de mim como uma história intrigante sobre vir ao mundo já dentro de um tipo de violência, como se minha vida toda fosse constantemente aquela sensação estranha de acordar subitamente. Num domingo qualquer, vindo de uma fase de querer ter mais detalhes da minha história, puxei o assunto do meu nascimento com minha mãe e quis saber sobre o fórceps. Minha mãe então, muito naturalmente, me explicou que isso nunca aconteceu, que eu nasci em total tranquilidade, tanto que meu pai resolveu parar e fumar um cigarro a mais antes de subir ao andar da maternidade e nesse meio tempo eu já estava fora do ventre de minha mãe, enrolado numa mantinha. Quem teria nascido de fórceps era a minha irmã, e provavelmente eu ouvi essa conversa algum dia da minha infância e minha cabeça a transformou numa história sobre mim. Mas o que eu quero falar é sobre a minha reação imediata diante da desfeita dessa crença particular: eu, surpreendido, quis negar, quis falar que eu tinha certeza que foi do jeito que eu contava pra mim mesmo, ainda que fosse totalmente ilógico eu querer saber mais do que minha mãe sobre o assunto.

Minha mãe me trouxe detalhes muito vívidos do quanto foi o oposto do que eu pensava, fui apenas um bebê calmo numa manhã de 1985. Aceitei a verdade depois, é claro, em parte porque a ideia de um nascimento no tempo de um cigarro também tem lá sua literatura possível, mas a sensação de perder uma história tem força desnorteadora. Perder uma história sobre si é como ter que se recosturar, terminar de montar um armário e perceber parafusos sobrando, voltar ao manual e descobrir que pulou uma página. Você pode ignorar os parafusos e dizer que sim, a história que importa é que o armário está montado, claro que não se sabe até quando ficará de pé. Ou você pode ter a exaustiva tarefa de desmontar para remontar. E foi assim, desmontei, por acidente, a história do meu nascimento e a remontei. Não sei do que se trata meu afundamento cranial. Se eu caí bebê, se eu só nasci assim, mas mesmo sem ter essa resposta, não perdi intimidade com o fato, pelo contrário, a intimidade aumentou, porque a história da minha deformação passa pela história que eu contava sobre o que seria minha deformação.

Eu não sei que histórias irão contar sobre a pandemia daqui a dez anos. Eu nem sei que história estão tentando contar agora.

Há o paranoico delirante que acredita ter descoberto a Nova Ordem Mundial forjando um motivo para implantar chips nas pessoas. E há quem acredite que o paranoico delirante possa ser convencido com argumentos e gráficos coloridos que sobem numa tela. Quais registros contarão esta história? Este livro é sobre um país que não existe mais? Ou isso é outro autoengano? Talvez a ideia mais perigosa no Brasil, hoje, seja a de que *não temos mais nada a perder*.

E a cada dia descobrimos uma nova perda.

II

Eu adoro a tecnologia, sinto falta é de entender as coisas. Sinto meia inveja de quem tem assunto. Admiro até a disposição de quem escreve o centésimo artigo sobre como Bolsonaro é Bolsonaro. O óbvio é o protocolo de saúde mais importante dessa década, ou talvez até do século. Ainda assim, às vezes sinto uma espécie de superlotação da obviedade.

Um metrô de São Paulo, linha vermelha, sete da manhã: *Atenção usuário parado próximo às portas, por favor dirija-se ao corredor se não for descer na próxima estação.* O óbvio organiza o cotidiano.

No óbvio, padaria vende pão, e funciona. Porém, estamos no tempo e no lugar onde é preciso dizer isso todos os dias. E se eu torcer para chover pão? Não funciona. E se eu pedir à funerária para trazer pão? Não existe, ainda.

Por enquanto ficamos com a constatação de que onde se come o pão não se enterra a carne. O que nos sobra é repetir o óbvio, todas as manhãs, tardes e noites. Óbvio do mais moreninho, óbvio baguete, óbvio sonho, óbvio carolina, óbvio com aquele creme amarelado. Só que a indisposição vem e de vez em quando se instala. A indisposição é como um gato e o desânimo, uma caixa de sapatos. E a vida das outras pessoas é aquele solzinho que o gato gosta, sabe? A total zona de conforto da indisposição. O caos político é aquela tigelinha que você deixa do lado da caixa de sapato, já que é tão bonitinha a indisposição ali. A internet é aquele carinho na nuca que faz o gato-indisposição ronronar. E a ansiedade é o ataque de rinite que dá depois. Acho que é isso.

Nunca foi tão confortável estar desconfortável. E o óbvio não aceita meios-termos, ou se entrega tudo ou nada. Máscara é pra tapar o nariz, não o queixo. Não existe *Ah, veja bem, depende do queixo, tem gente que tem o queixo poroso e o nariz fininho, cada um vê como faz*. Não existe. Máscara é na frente do nariz. Se você fizer uma busca pela máscara mais antiga da história da humanidade, vai encontrar um artefato que era pra se colocar em frente ao nariz. Era o óbvio já há 9 mil anos. Agora estamos tão no futuro que se passeia de carro dentro de shoppings, nossos Jetsons. O Mad Max Drive-in é uma distopia tipicamente brasileira. E aqui, no tão tão futuro, ainda é preciso dizer Vidas Negras Importam. E pior, responder o porquê é óbvio que não é o caso de se dizer Todas as Vidas Importam. Porque não são Todas as Vidas que precisam reivindicar seu direito a existir.

As redes sociais parecem ter um papel nisso, o desgaste do óbvio. A pandemia tornou esse desgaste dramático. Eu sei, já faz muitos anos que 2020 existe, mas no seu remoto começo, eu fiquei um pouco chocado com a incapacidade da humanidade de simplesmente parar tudo por duas semanas. Um pouco chocado é exatamente o que quer dizer, um pouco. Nunca tive realmente fé de que na hora que a coisa desandasse, um súbito senso de solidariedade, respeito e justiça tomaria os corações das elites financeiras e políticas, assim notaríamos obviedades, como, por exemplo, que um mundo onde se produz muito mais que o suficiente para alimentar todos os seres humanos do planeta é um mundo que seria possível erradicar a miséria existindo o interesse, aliás, o que seriam duas semanas de interrupção de produção diante disso? Mais óbvio que o fato, só a constatação de que o plano é se opor à dignidade humana como condição permanente universal, pois a miséria é produto político e sempre dá para oferecer os benefícios do macarrão para aqueles que não podem mais comprar arroz.

III

Sou preguiçoso e distraído. Por isso, já saía pouco de casa antes da pandemia. Um dos motivos era a dificuldade que uma pessoa tem de encontrar um banheiro decente caso precise cumprir os ordenamentos intestinais. Sei lá que pacto social sinistro foi estabelecido, ou se é mais um maravilhoso resultado de vivermos no capitalismo tardio, mas é uma espécie de crime não declarado precisar de um banheiro público digno da função.

Certo dia eu recebi os sinais físicos de que teria que resolver essa questão antes de chegar em casa e, por algum motivo obscuro, acreditei que uma Starbucks deveria ter um banheiro que não fosse uma declaração de ódio à humanidade.

Apenas para clientes, dizia a placa comum.

Nesses casos, eu particularmente até prefiro quem cobra diretamente o uso do banheiro do que quem me força a comprar uma pastilha de hortelã ou algo assim só para ter a oportunidade de cumprir algo que, se formos pensar, é minha obrigação sanitária como cidadão. Mas vamos lá, uma vantagem desse tipo de "estratégia comercial" (?) é que um lado da negociação não está exatamente com tempo e possibilidade de barganha.

Me vê aí um disso daqui.

Daí é uma fila para pedir, uma para pagar, outra para receber. Isso é uma coisa curiosa, quando exatamente eu viro cliente: quando entro, quando decido pedir algo? Já posso usar o banheiro antes de pagar? Se eu comprar, sair por dois minutos e voltar ainda serei um cliente ou meu status é magicamente zerado? Se eu gastei mais de cem reais em cafés num dia, apenas um exercício de imaginação, no outro dia ainda serei cliente e poderei só usar o banheiro? Questões.

No caso da referida loja eu virei cliente, pelo que entendi, ao receber uma nota fiscal de compra que, além das informações normais, tinha um descritivo:

Se precisar utilizar o banheiro, insira este código e o valor do produto.

Tive que ler duas vezes para tentar compreender o processo. Era um pouco desafiadora a parte da lógica de inserir também o valor do produto. Por que não só o código? Será que eu me distraí novamente na rua, entramos na distopia máxima neoliberal e agora existem módulos diferentes de banheiro de acordo com o ticket de compra?

Me vê uma água com gás também, moço — fui logo pedindo, melhor não arriscar.

O banheiro ficava no segundo andar e tinha uma fechadura digital. Um painel tirado da imaginação de alguém muito fã de filmes *sci-fi* onde luzes ficam piscando porque sim. Digitei, no teclado que emitia um irritante tom a cada toque, o número e o valor da compra.

Erro.

Imaginei que precisasse inserir vírgulas então.

Erro.

O som digital de erro era quase como uma gargalhada sintetizada por Satã. Cogitei até perguntar para alguém como funciona, mas preferi me engajar na vergonha que já estava passando a procurar uma nova. Finalmente desci e avisei a um atendente ocupado e provavelmente extenuado por sua jornada desgastante que a fechadura digital completamente desnecessária do banheiro estava dando erro. Ele respondeu rapidamente que era para digitar o número mais o valor da compra. Ou seja, leu para mim o que estava escrito no papel.

Tudo bem. Poderia ir embora, mas eu já tinha investido uma pastilha de hortelã e uma água com gás no processo. Para poupar o suspense, o segredo é que eu deveria colocar o número tal, digitar o símbolo de + e então o valor da compra. O "mais" do descritivo era para se apertar também. Ninguém cria uma porcaria assim por acidente, é projeto. Mas só consegui entrar no banheiro porque outro cliente, ao sair do recinto, me viu ali e notou nos meus olhos um tipo triste de desolação que só existe nos olhos de quem precisa muito usar o banheiro mas não consegue, e tal qual um Moisés da classe trabalhadora, segurou a porta para que eu pudesse entrar. No fim, foi a colaboração humana que venceu o horror tecnológico neoliberal.

Mas não pense que a história teve final feliz, nem triste. Na verdade, o banheiro era um banheiro comum, até decepcionante para o trabalho aplicado. Serviu para a finalidade à qual se propõe sem maiores emoções, o drama foi evacuado, o sabonete era aquele cuja cor se chama Desmanchando, como o velho normal, hoje chamado de novo normal. Sentado no vaso, enquanto observava um pênis feito à caneta que oferecia serviços diversos, pensei no ímpeto humano de se conectar e em como às vezes a gente consegue dar um jeito de isso acontecer mesmo que não entenda bem como funciona a porcaria de uma fechadura digital.

Uma coisa que eu fazia muito lá na coisa de doze anos de idade era bater perna no bairro. Não tinha muito destino definido, entra aqui, sobe ali, retorna de lá. Cadarços em fios elétricos que sobreviveram invernos e primaveras. Um muro que deixaram ali na frente de uma casa que nem existe mais.

Crescer na periferia foi ter outra relação com o tempo. Vez em quando um novo comércio abria e eu ficava encasquetado de não lembrar o que tinha ali antes. Um fliperama? Uma granja? O tempo era visto na transformação, um fusca que afunda uma garagem é cicatriz de meses ou anos. Vote vereador Fulano

Detal no poste por gerações, matinho espichando pra fora dos cacos nos muros. Todos os espaços são plataformas sociais e todos os espaços pertencem a um tempo.

No Brasil, a porta de banheiro público deve ter sido a maior plataforma social antes da internet, e o desenho de pênis, um dos memes primordiais. Primeiro porque é basicamente o mesmo traço desde a carteira da escola, seja um pau voador ou um Pokémon de falo em riste. Inclusive deveria existir um museu de porta de banheiro público, porque está aí um dos grandes registros arqueológicos da nossa época, e que antecipou um tipo de dinâmica das redes sociais — aliás, outra coincidência entre ambas é que muitas vezes o assento de produção é o mesmo. Versos bíblicos, teorias da conspiração, apelo sexual, venda de serviços, um pouco de poesia, discussão política, provocações de torcida e humor, está tudo ali, disponível nas maiores e também menores rodoviárias do país.

Talvez a grande diferença seja que, no caso da porta de banheiro, o registro é fixo, remendado em cima de outros e impessoal, sem rostos e, em alguns casos, sem reivindicação de autoria. Embora os temas de conteúdo possam ser bem parecidos, a profusão e a velocidade de interações nas redes alteraram nossas motivações, saímos de *fazer algo para o tempo passar para fazer algo porque o tempo está passando*. De certa forma é como se saíssemos da tarefa mais fácil possível para a mais exaustiva. Afinal, o tempo passa, seja qual for sua religião, cor, idade, classe, o tempo passa. Tentar ocupar o tempo, portanto, é tentar ocupar algo impossível de se preencher. É uma tarefa sempre incompleta e frustrante. Na tentativa de cumprir a expectativa de preencher o tempo, as redes sociais se tornaram labirintos temporais.

Pensemos o seguinte, quando você desenha um pênis na porta de um banheiro público você escolhe exatamente o local onde a sua mensagem estará disposta no quadro. Você pode colocar o dito perto de palavras às quais queira se relacionar — por exemplo, o nome de um time —, ou selecionar puramente pelo espaço livre disponível. Você pode até o rabiscar em cima de outras informações, mas o fato é: o conteúdo estará onde você o colocou — até que alguém de trabalho precarizado seja obrigado a apagar as interações.

Quando você publica um post em rede social, para cada pessoa ele estará num espaço diferente do quadro, fazendo parte de uma linha do tempo única para cada um. O seu texto desabafo pode estar entre uma receita imperdível de batatas ao forno e um gatinho agarrando um bebê, e aí, que lugar péssimo para abrir o coração sobre um terrível trauma do último emprego. Claro que é importante o que você tem para dizer, mas você sabe o quanto é raro achar uma boa receita de batatas ao forno? Todo mundo acha que é jogar alecrim e azeite. Vão curtir por educação.

A ordem segundo a qual as coisas sobem na tela forma um tipo de composição que modifica nosso humor e, portanto, nossa disposição e interesse. E elas sugerem uma espécie de linha temporal (aliás, muita gente chama feed de linha do tempo, ainda que sejam coisas diferentes).

No mundo físico, uma coisa vem antes e depois de outra por um motivo. Então, no exemplo que dei, é como se o seu post trauma virasse o recheio de merda se intrometendo num delicioso sanduíche de zona de conforto. Mas isso é só para uma pessoa, para a seguinte é outra história, vira algo relevante, transformador e corajoso. Produzimos como nunca e ainda assim temos pouco controle de como isso vai atingir outras pessoas, porque não existe o quadro completo, cada um tem um retalho de um quebra-cabeça impossível de montar. Ou, se preferir outra imagem, a rede social é uma imensa granja, somos galinhas botando ovos sem saber para onde eles irão.

***

Sem poder controlar em que parte da linha do tempo vai a mensagem, não controlamos o sentido que ela terá e isso torna qualquer que seja essa ideia de interatividade de redes um grande jogo de desencontros. Estamos vivendo a forma mais organizada de desorganização. Agora vamos inserir o Brasil na equação para as coisas ficarem mais divertidas, trágicas e surreais. Não necessariamente nessa ordem.

É um hyperlink, uma coisa que você precisa arrastar pra cima para acessar. Então arrasta pra cima que o desfiladeiro é longo e cheio de piadas ruins, covardes, genocidas e spams com cinco lições que os astros trazem sobre a pandemia.

A rede social é o jogo da cobra. Meu primeiro celular tinha um joguinho em que se controlava uma linha, para todos os efeitos uma cobra, e essa linha comia pontos e aumentava de tamanho. Quando maior ficava pior era sua movimentação. Não havia nada a se fazer a não ser alimentar a cobra e ver seu corpo se tornar cada vez mais impossível de se movimentar. Todo dia é dia de alimentar a cobra que se arrasta, esses dias dei uma polêmica de 2016 pra bichinha, ela pareceu meio enjoada. Mas comeu.

Me segura que eu quero opinar.
Uma semana em casa e já estava fazendo poesia sobre a quarentena, amigo? Qual a melhor uva para harmonizar com mil mortos por dia? O importante é ter consciência social e usar a figurinha Em Casa quando for divulgar aquela festinha no instagram. Mas calma, todo mundo faz teste antes de entrar na party, hein. Exceto garçons, mas essa gente tem saúde de ferro. Por falar em ferro, bíceps, tríceps e quadrúpedes não se criam sozinhos, portanto, arrasta pra cima e confira as minhas dicas para sair da quarentena com aquele corpo sarado (de atleta).

IV

Me descobri brasileiro em 1994, quando ajudei a enfeitar com rabiolas a rua pra assistir à Copa do Mundo. Era a primeira televisão em cores da família, ainda que fosse preciso girar, de vez em quando, o botão de sintonia daquela velha Philco 12 polegadas para assistir à sequência de jogos duros, mas vitoriosos.

Descobri ali que o barato era vitória sofrida, de preferência com gol nos últimos minutos, porque as reações eram melhores. Eu gostava de ver o povo apreensivo, ouvir os gritos, a comemoração. Meu pai, que era rígido e reclamava silêncio até em final de novela, deixava rolar um alvoroço em dia de jogo, porque, afinal de contas, era a Copa. E foi meu primeiro evento coletivo como brasileiro, já que no impeachment do Collor eu não sabia bem do que se tratava e a TV ainda era em preto e branco.

A final foi um empate lascado, com decisão nos pênaltis. Roberto Baggio meteu a bola por cima do gol de Taffarel e danou-se, morteiro estourando na rua, buzina, gritaiada "é tetra!", eu gritava errado, "é tretra!". Eu não sei explicar bem, mas senti um certo orgulho de contribuir com aquele resultado ao amarrar a rabiola no portão. Ajudei a fazer uma grande coisa, que eu nem sabia bem para que servia, mas era uma grande coisa. Eu não queria que aquilo acabasse, não podia durar uma semana a mais? Mas no dia seguinte já não era Copa, era preciso evitar a bagunça, logo mais desfazer os enfeites, se despir da fantasia e voltar ao lugar e às coisas às quais cada um pertence.

Chove, mas primeiro chove na internet, depois é que chove. Eu não sei se vocês perceberam que se não tá no *trending topics* é coisa da sua cabeça. Por exemplo, o racismo. Segundo o *trending topics*, é até comercialmente interessante falarmos disso em certas épocas do ano ou diante da maior revolta popular em décadas, agora mais do que cinco dias no mesmo assunto já é demais. Hashtag descansa militante. As crianças pretas quando morrem, parecem não morrer antes de estarem nos destaques. Rosto e idade, como morreu, na frente de casa, dentro de casa, nos braços da mãe, no chão do prédio. Na linha abaixo, como cuidar dos seus cabelos durante a quarentena, 5 mil retuítes. Chove.

É muito extenuante viver a realidade brasileira porque exige um esforço mental enorme manter os pactos sociais que estabelecemos aqui. É preciso mais do que emular uma cidadania, temos que compartilhar de uma certa hipocrisia ritualística cotidiana que talvez seja de onde brota nosso senso de humor. O Brasil é de fato, inclusive geograficamente, irônico. A nossa própria abundância é apresentada como exótica, sob o nome muito curioso de Brasil Profundo. A meu ver o Brasil exótico é o Leblon, só que, no caso deles, o exótico ganha o nome de *exclusivo* — curioso pensar que se deu lá o primeiro caso de destaque de óbito por coronavírus, quando uma patroa infectou a empregada.

Suportar a demanda produtiva e emocional de um país estranho, ainda que bonito, e desigual, ainda que abundante, talvez tenha criado em nós uma paixão pelo entretenimento catártico e, muitas vezes, maniqueísta. Qualquer que seja a mídia que opere bem nesse afeto de deboche e redenção faz um sucesso espetacular por aqui.

Assim foram as novelas, os programas dominicais, os sucessos musicais das rádios com músicas sobre se dar bem, sobre dar a volta por cima depois do coração partido, sobre farrear, sobre parar de farrear e encontrar um amor, sobre ter o coração partido novamente. Piadas e letras debochadas sobre corno, gay e bêbado, e sobre ser melhor que os cornos, as bichas e os bêbados, ou nas quais se assume, em tom satírico ou cínico, ter algum tipo de desvio, e ainda assim ser uma "boa pessoa". Arcos televisivos sobre o pobre que descobre que tem uma herança, sofre e no fim recebe a merecida riqueza, terminando tudo em casamento. O apresentador que faz piada de sogra na frente de um grupo de mulheres que dança aleatoriamente e até são entrevistadas, momento em que precisam sorrir dentes perfeitos, quase todas brancas, magras, altas. O outro que leva um fodido a ter um dia de rico, basicamente, e seu cabelo é tratado em lugares onde ele não pode parar na frente sem um segurança de radinho aparecer para constrangê-lo.

No fim, o entretenimento que surge como expiação da dor ou ao menos alívio do peso de se conviver com essa precariedade canaliza o sentimento comum, parecendo se transformar em uma das identidades nacionais. Quando o presidente debocha dos riscos da Covid-19 dizendo que *O brasileiro entra no esgoto e não acontece nada*, ele está reverberando essa construção. Ele está falando da crença de uma espécie de superpoder do brasileiro que nasce da sua desgraça, e, de fato, a precariedade é capaz de promover uma desenvoltura e resiliência que é sim ferramenta de sobrevivência e de orgulho, digo isso com o olhar periférico com o qual ainda observo o mundo ao meu redor e como admirador da tecnologia *gambiarra*, que não é só uma invenção, mas uma declaração. Observe que toda gambiarra não tem vergonha de deixar bem claro o que é, como quem diz *Eu sou um prego no chinelo sim, eu sou sobrevida e sou eu que impeço o pé no asfalto quente*. E tem mais, eu sou uma caixa de fósforo e sou um instrumento musical, sou lona, tijolo e altar, caco de vidro, cola e pipa, sou até o gesto rápido de empurrar a catraca para trás e deixar o próximo passar, o gesto de segurar a porta é uma tecnologia de sobrevivência a que nós nos habituamos a manejar. Mas ela nasce do mesmo lugar em que deixamos o pé propositalmente para o outro tropeçar.

Temos os melhores memes do mundo porque, afinal de contas, o que é o meme brasileiro senão um descendente digital da gambiarra? É a distorção de sentido de um objeto através de sua relação com outro, modificando seu efeito e propósito. Gambiarra tem muito a ver com se apropriar de um resto, algo defeituoso ou um tanto ineficaz, e o reformar, tornando-o algo único. Aqui *reformar* é no sentido preciso de "refazer a forma" do objeto. Tem a ver também com acreditar na acessibilidade. Acessibilidade é um ímpeto humano, nascemos literalmente conectados a outro ser humano e essa conexão é interrompida nos primeiros instantes após o parto.

Talvez seja na infância a fase em que mais nos dedicamos a procurar acessos, e eu coleciono situações que sem dar o contexto ficam melhores ainda, como minha cabeça presa num beliche em 1993. A imaginação também é um jeito de se conectar, por exemplo, vivendo há duas horas e meia do centro, a primeira cidade que acessei na vida era feita de ruas de riscos de tijolos, congestionamento de carrinhos de plástico, prédios de chinelos e bolinhas de papel que pra mim eram pessoas adultas que faziam coisas de adulto, tipo serem levadas por um vento súbito para o fundo do quintal. Outra coisa de adulto é esquecer que algumas coisas precisam primeiro ser acessadas dentro de nós.

Morador de São Paulo, até os 32 anos eu nunca tinha entrado no Theatro Municipal. Uma pessoa oriunda de outra classe social me disse que isso era porque tive preguiça e não por questões financeiras, já que havia dias em que o teatro era até mesmo gratuito. O que tentei explicar a essa pessoa é que nem sempre a interdição do acesso é objetiva, ela pode ser puramente conceitual ou filosófica. Eu não conseguia acessar o Theatro Municipal porque sentia uma série de códigos, como fechaduras digitais, que me impediam de entender aquele lugar como possibilidade. Ir ao Theatro Municipal era inacessível porque era inimaginável, e o bloqueio conceitual resultava em um bloqueio físico.

Alguns meses depois eu paguei cinquenta reais para assistir à ópera *Elektra* num lugar chamado anfiteatro. Um setor horrível e desconfortável em que não se enxerga absolutamente nada além de uma parte do luxuoso candelabro. Mesmo acessando o Theatro Municipal eu não acessei o palco, nesse caso havia um bloqueio para além do conceitual. Para ver o palco eu deveria pagar um valor maior, o que me daria acesso a cadeiras mais confortáveis e uma posição mais adequada para assistir à ópera. Como não tinha o valor disponível, a mensagem foi *acesso negado*.

Durante a Copa do Mundo no Brasil, a maior parte dos brasileiros não teve acesso ao estádio por causa dos valores dos ingressos, e lembro bem de muitos alugando casas de onde poderia se ver parte do campo ou até pessoas posicionando câmeras de celular desses lugares e transmitindo online. Isto também é gambiarra. Conheço críticos do método que dizem que ela evoca um apego à precarização, mas enxergo o oposto, vejo-a justamente como uma resistência à precarização, a uma não aceitação da falta de acesso.

Por esse mesmo motivo é possível fazer um paralelo com a cultura hacker, à qual, aliás, eu fui apresentado num desses fliperamas de bairro. Voltando da escola, eu geralmente abdicava da coxinha vendida ao lado do portão para dedicar meus 25 centavos a uma ficha e jogar *Street Fighter II*. O problema é que eu não ia longe no jogo, pois, além da minha estratégia de apertar aleatoriamente os botões pra ver o que acontece não ter muita eficácia, o dono da máquina deixava o jogo no modo difícil, de propósito. Sim, estou falando de ter somente uma ficha para jogar contra uma máquina feita pra te vencer. Mas havia quem conseguisse de alguma forma contornar esse cenário. Uns aprendiam códigos, sequências secretas e macetes apelões. Outros descobriam uma forma de computar o crédito sem gastar a ficha. Esse tipo de hack era, a seu modo, uma forma de buscar acessar as regras do jogo. De todos esses hacks, o que mais me chama a atenção é aquele que busca não um jeito de vencer a máquina, mas um jeito de ganhar mais tempo dentro do jogo.

O tempo da sobrevivência, no qual boa parte da população brasileira vive, é o da urgência. Pra quem mora de aluguel, a moradia é um jogo no qual todo mês você precisa colocar uma nova ficha. Mas há cenários mais duros, como o da fome, em que a ficha é o prato de comida e ele precisa vir logo. Ter tempo e ser pobre no Brasil é quase ser subversivo. Mas há em paralelo a esse tempo rápido: o tempo político, que é lento. Por mais que o feed da rede social seja atualizado dezenas de vezes por minuto, as transformações políticas mais profundas parecem acontecer aos poucos, fruto de insistências, debates e mudanças sociais. Esse conflito entre os dois tipos de tempo poderia explicar o papel do meme digital como meio na política, porque ele é rápido, porque ele se encaixa no tempo curto. E como o meme influencia a política, vejo ele tendo a mesma função do código que modifica o jogo. E nem é preciso abrir mão do lanche pra usar essa ficha.

Tem outras formas de vermos o quão profunda é a questão da acessibilidade. O Brasil cria representações de poder que têm a ver basicamente com manejar quem tem acesso ao que e quando. Os quartos de empregada, exemplo arquitetônico, presentes até hoje no mínimo como despensa em muitas plantas de apartamento, geralmente encontram-se anexados à cozinha, assim pela manhã a empregada pode preparar a refeição dos patrões sem precisar acessar outros ambientes. A empregada está no ambiente, sua mão toca coisas que podem inclusive contaminá-la com coronavírus, mas ela não tem acesso a elas. É uma espécie de presença remota que, a depender do interesse dos patrões, pode ser desligada como se desligaria um holograma num desses filmes de ficção científica.

Em São Paulo, diante de uma frente polar, pessoas morrem de frio na rua sem ter acesso a um dos inúmeros imóveis desocupados na cidade. Toda a questão da acessibilidade traz não só uma questão filosófica mas também uma humanitária prática. Isso é uma questão histórica, mas eis que surge em determinado momento o acesso digital.

Importa muito dizer que o acesso digital não gera, necessariamente, um acesso físico ou conceitual. Ter acesso a um portal da transparência não te torna entendedor de prestação de contas públicas, assim como ter acesso a um fogão não te torna cozinheiro, e ter acesso a uma câmera de cinco lentes não te torna exatamente um fotógrafo. Ter acesso a informações não necessariamente te torna uma pessoa bem informada. O ambiente digital no Brasil apenas reproduz online essas dinâmicas histórias, mas com ferramentas bem potentes, como o WhatsApp.

V

O WhatsApp é o galho que acessa a fruta e o prego que restaura o chinelo, porque ele reforma o acesso à informação. Ele significa a possibilidade de ter contato com determinado assunto por outra via que não a convencional, com seus textos bloqueados e artigos *paywall*. Eu fui apresentado à internet através dos computadores comunitários de um projeto social. Com direito a trinta minutos de acesso por vez, naquela época do acesso discado conheci a promessa de um lugar de expressão e liberdade. Nesses anos vi o surgimento da rolagem infinita, das redes, das curtidas e do "arrasta pra cima". Pouca coisa sobrou daquele espírito, talvez meio ingênuo, mas entusiasmado, dos primeiros anos. Sobraram algumas iniciativas de contracultura digital, destinadas a entendedores, e surgiu o WhatsApp, que por ser mais agregador, incorporou todo aquele sentimento de acessibilidade como quebra de fronteiras e fonte de mobilização. Quanto mais pedágios a navegação produz, mais força ganha a ferramenta, assim como quanto maior é o muro, maior é o valor em conseguir atravessá-lo. O meme, na dimensão estética da gambiarra, faz com que alguns assuntos de tornem acessíveis, numa linguagem que está ligada à urgência. Ele é uma divergência do institucional e tem caráter subversivo, já que se apropria e se deixa ser apropriado. Além disso, é um lugar de encontro, como uma esquina dessas bem agitadas. No meme a gente se encontra, meme é onde todo mundo vai parar, do Faria Limer ao entregador de aplicativo, cada um em uma ponta do acesso, do alienado ao militante, do elitizado ao precarizado. O meme é quase um carnaval, com a diferença que o meme é toda hora, não tem gente vivendo aventuras, mas também não tem fila de marmanjos mijando no muro. Sua potência como linguagem está ligada, então, a essa busca de acessibilidade, que é também a busca pelo pertencimento, e isso não é pouca coisa. Justamente por ser essa interface aberta é que a sua linguagem pode ser extrapolada para diversos fins — alguns, a meu ver, ridículos, como os irritantes perfis de marca que querem falar como se fossem jovens descolados usando artificialmente termos das redes; alguns são interessantes para dar agilidade a conversas de conteúdo educacional, por exemplo; e outros perigosos, como a memetização da política e de uma pandemia.

Não há pessoa que consiga conceber uma tragédia do tamanho de milhares de mortos diários. Talvez não exista estrutura psicológica que suporte a compreensão do significado e a extensão dessas perdas. É um tipo de chaga que levará mais do que uma geração em esforço coletivo e multidisciplinar para se assentar.

A morte tem uma presença muito estranha no Brasil, ligada à ocultação e ao desaparecimento, e a subnotificação parece fazer parte de um contrato social. Além disso, para a morte não existe fresta, prego ou garrafa pet que remende. É a dimensão trágica da clássica passagem de *O auto da Compadecida* de Ariano Suassuna, sobre a morte do perspicaz João Grilo:

"Cumpriu sua sentença e encontrou-se com o único mal irremediável, aquilo que é a marca de nosso estranho destino sobre a terra, aquele fato sem explicação que iguala tudo o que é vivo num só rebanho de condenados, porque tudo o que é vivo morre."

João Grilo, sobrevivente de flagelos, conseguia astutamente escapar de problemas, ainda que fosse lidando com inimigos influentes como matadores e políticos (e matadores-políticos), mas sabia que a única coisa para a qual não tem jeito é a morte, o que o torna um dos mais vívidos arquétipos do que seria um tal espírito brasileiro. O encontro com aquilo que é irremediável, que não aceita desaforo ou letras miúdas, é um elemento desordenador da nossa condição, então é melhor, de preferência, tirar o encargo disso e cuidar de outros assuntos.

As redes sociais são, ao mesmo tempo, objeto e testemunha dessa tentativa de remediar um mundo, literalmente, sem remédio. A remediação teve várias curtas encarnações desde o começo da pandemia, do "gripezinha" ao canto desafinado da *Ave Maria*, do físico de atleta à cloroquina, da máscara no queixo ao bronzeado no litoral. Mas também dá para incluir shows drive-in onde um motorista-espectador assiste ao show gravando, da tela do celular, através da tela do carro, o que se vê no telão, e esse hipercubo de tela, esse caleidoscópio de múltiplas molduras é, ao mesmo tempo, símbolo de um mundo achatado e de uma elite patética — e chata.

Ao povo coube o papel de se fantasiar da própria mortalha, já que, para manter o deslumbre de novo normal da classe média, é preciso que trabalhadores se aglomerem na condução e, logo mais, posem nas fotos da empresa que quer mostrar que estão "tomando todas as medidas de precaução possíveis". Vem daí ser extremamente complicado tentar convencer alguém a aceitar o risco de contaminação no trabalho, que em alguns casos nem sequer chegou a parar, mas que nos fins de semana essa mesma pessoa deve se manter resoluta como cidadã paciente de uma sociedade exemplar, totalmente preocupada com o bem-estar social e a dignidade humana, enquanto se distrai vendo jogos de futebol com efeitos sonoros de torcida e lives onde cantores fazem karaoke das próprias músicas e vendem cerveja.

É triste ter que defender a hashtag Fique Em Casa enquanto o estado invade lares e mata crianças. Para pessoas negras que defendem o direito de não ser asfixiadas pela polícia, é uma ironia avisar que se ficarem em casa irão poupar respiradores mecânicos. Fique Em Casa, porém o lobby do café pode desapropriar famílias há décadas instaladas que se mantinham sustentavelmente em uma área antes abandonada. Fique Em Casa, mas se for indígena a sua casa, sua terra, é invadida, roubada em saqueamentos institucionalmente permitidos. Essas rachaduras sociais históricas foram não de onde se entrou luz, mas por onde ela saiu.

Nas conversas digitais há sempre uma novidade, uma notificação, um assunto que exige sua atenção, sua resposta, seu posicionamento. E quanto mais curto é o evento, mais rápido você entende que deve ser sua decisão de participar daquilo ou estará de fora. Já me vi tomado pela sensação de frustração por ter uma opinião sobre um assunto que era importante ontem, mas hoje um artista morreu ou algo explodiu na Europa ou todos estão falando sobre o cara que começou a se masturbar na videoconferência da firma. A janela de relevância é cada vez mais estreita e tudo vira uma espécie de corrida por quem faz a primeira análise, o primeiro meme, a primeiro tuíte viral, seguido de outra maratona de pessoas que querem consumir a primeira análise, compartilhar o primeiro meme e curtir o primeiro tuíte viral e isso ganha uma força que se dissipa na mesma ordem e pouquíssimos assuntos sobrevivem para além de algumas horas, os demais morrem e viram fantasmas que vagam confusos à procura de uma encarnação.

A verdade é que uma das coisas mais estranhas do mundo é a ideia de permanência. Eu ainda era criança quando assisti pela primeira vez ao filme *Ghost* e a coisa que mais me despertou curiosidade não foi a aura translúcida ou o poder de atravessar paredes, mas o fato de fantasmas usarem roupas. Mais precisamente a mesma roupa com a qual estavam quando morreram e assim passarem a eternidade. E se uma pessoa morre por acidente justo no dia em que está usando sandálias crocs? A infeliz não poderá sequer se transformar num tipo de assombração. Imagine um calafrio te despertando às três da manhã, você vai até a cozinha tomar uma água, escuta lentamente a porta do armário se abrir, ao se virar dá de cara com seu falecido tio Renatão, a cara pálida, o olhar profundo, de bermuda do Palmeiras, usando crocs, terrível sim, perturbador com certeza, mas aterrorizante definitivamente não.

A permanência é estranha à vida. E também à morte.

Ficar é uma questão filosófica do século XXI. Ficar. Tudo está indo, partindo, voltando. Minha vida nômade periférica foi assim, catorze casas antes dos trinta. Morar de aluguel é não ter economicamente o direito de ficar. Mesmo a periferia se move, a especulação imobiliária amplia contornos e margens e de rua em rua se vai caminhando. Até este ano, ninguém havia questionado ainda o privilégio que estátuas de escravagistas têm de ficarem. Praças não ficaram, cortiços de fachadas ornamentadas, pequenos cabeleireiros que ainda cortam na tesoura, linhas de ônibus, favelas inteiras às vezes são retiradas a trator ou a fogo, e as estátuas lá, mesmo quando até suas sombras se movem.

VI

Eu sinto que as pessoas estão tentando remediar o mundo. Nada contra, mas tem espécies mais aptas. Tipo minhocas. Aquele verme que consegue sobreviver no vácuo, qual o nome dele? Não o que foi eleito, o outro obviamente. Mas ok, não vou dizer que eu torço, nem destorço, muito pelo contrário. Mas talvez este mundo não mereça remédio, talvez outro mundo é que seja uma cura.

Fiquei por muitas semanas saindo pelo portão apenas às terças, quintas e sábados, pra deixar o lixo na coleta. Seis passos. Minha presença física pública durante boa parte do ano vem sendo a de produtor de lixo, sem eufemismos. O lixo é a verdadeira commodity do capitalismo tardio. Produzir, consumir, descartar, repetir. Nessas esticadas vi a cada despejo a evolução das máscaras nos transeuntes, antes nenhuma, depois umas que parecem cenográficas, depois umas de pano, depois umas estilizadas, outras mais sofisticadas e algumas até em frente ao nariz. Por fim a mistura geral numa espécie de baile de máscaras feito de improviso no porão de um navio afundando.

Essa evolução me alertou para algo que já tinha notado nas redes sociais. Sabe quando você olha a representação do sistema solar? E tem Netuno dando aquela volta totalmente desnecessária, tão longa que ninguém liga mais, Saturno parece querer ser mais do que os outros, Júpiter de olho em tudo como se fosse um subgerente, Mercúrio correndo como uma criança neurótica que descobriu o açúcar e a Terra meio bêbada tropeçando sem querer na distância perfeita para as condições de vida? Mas, diferente dos corpos celestes, a gente não explode quando nossas realidades colidem (na maioria dos casos), a gente se remonta de um jeito estranho.

Passa por mim um homem com cachorro na coleira, ele está na fase máscara de pano. A mulher dentro do carro com a máscara de três camadas o julga com certa compaixão, *já passei por essa fase*. O outro sem máscara evito olhar, um rosto nu assim no meio da rua, é coisa obscena. E olha que eu já vi coisas obscenas como o Dória tentando usar uma enxada ou uma pessoa que pediu licença aos turistas que contemplavam a frente da catedral de São Bento numa bela manhã de domingo, arriou as calças e começou a cagar ali na entrada da igreja. É esse tipo de coisa o rosto de um homem claramente de classe média que se recusa a usar máscara. Na verdade é pior, na verdade é como se ele arremessasse seus dejetos na cara dos demais.

Há quem esteja na fase Saíremos Melhores Dessa. É curioso, me lembro bem da grande greve dos caminhoneiros. Em poucos dias já estavam roubando gasolina de ambulância. Filas imensas de carros, agressões verbais, saques diversos, hoje é como se nunca tivesse acontecido. Acho que é isso o que alguns chamam de sairmos melhores dessa, ser como se nunca tivesse acontecido. Amarrar o saco, despejar, voltar pra casa e lavar as mãos.

Há quem tenha desistido. Há muitas formas de desistir, *playlists* noturnas de vídeos de gatos no TikTok é uma das mais divertidas. Há quem não tenha a possibilidade de desistir ainda que bocas, exames, goteira, córrego, polícia chutando porta, boleto, aluguel, falta de merenda, hemodiálise, falência, chantagem de chefe, de patroa, do governo, do pastor, do delegado, do amigo rico do delegado, temporal, enchente, envenenamento, agressão doméstica, auxílio negado, cor da pele, cep, cpf, spc, saudade, medo, loucura, raiva, tristeza, abuso, humilhação e outras
c o m o r b i d a d e s.

George Floyd é filmado sendo assassinado por um policial. O método é através de pressão em sua nuca tornar lentamente seu ar inacessível. O Vidas Negras Importam é sobre respirar e sobre o direito de ficar. Não o direito de ficar conforme o conservadorismo, que na verdade se propõe a conservar *o direito de definir quem não pode ficar*, mas a permanência como ato revolucionário.

Minha mãe é negra, meu pai é lido como branco, mas do tipo nordestino, o que no Brasil é uma categoria diferente de branco. Portanto a impermanência é uma marca destas histórias, a minha mãe na descendência de um povo que foi retirado de sua terra e escravizado em outro continente e meu pai como alguém que fez a migração para o sudeste por oportunidades de uma vida melhor.

Conheci alguns parentes de meu pai somente ano passado, de minha mãe sei o nome dos meus avós e mais nada. Quando falo em permanência também me refiro a memória como lugar. O processo de colonização no Brasil foi parte do desenvolvimento de uma grande tecnologia de ocultação de cadáveres e ânimos. A escravidão tem como um dos princípios a produção de desânimo, é preciso desalojar a vida do escravizado, transformá-lo em boneco, retirar a perspectiva de prazer e qualquer ideia de hesitação.

A narrativa colonizadora também propõe gerar a ideia de desânimo, por exemplo, ao tentar omitir que houve sim grande resistência ao longo de todo o processo de produção de morte, e que muitos elementos da nossa cultura não são signos de uma interação pacífica. Aqui, nos Estados Unidos ou em qualquer país, há povos lutando pelo seu direito de pertencer ao mundo e respirar o mundo. O direito ao ânimo. A brutal imagem da morte de George Floyd, prontamente com a postura de orgulho do policial que o abateu, acabou agregando urgências de resistência que passaram a atravessar causas específicas e se amplificar em busca de construirmos um ânimo coletivo. Quem já foi a uma roda de samba entende o conceito de ânimo coletivo. Não se trata apenas de catarse ou comunhão de pessoas com o mesmo interesse, mas da própria construção de coexistência através da celebração.

No movimento Vidas Negras Importam não há só a reivindicação de direitos, mas a nomeação de personagens inspiradores. Há a celebração da resistência, não apenas sua demonstração. Celebração da música negra, do saber negro, do vestir negro e do existir negro.

O estado de ânimo coletivo portanto não é atingido com qualquer conjunto de pessoas em um ato, por exemplo, buzinando em frente a hospitais, passeando com seus carros exigindo a exposição de trabalhadores a um vírus negacionado por interesses políticos. Pelo contrário, com os buzinadores existe a reprodução do escândalo e do medo digitalmente transmitidos entre eles, não há espaço para celebração alguma, apenas a tentativa de abafar de todas as formas possíveis aqueles que buscam permanecer e respirar. Como não conseguem interromper o sistema respiratório diretamente dos demais, interrompem vias de ambulância, como um vírus que destroça pulmões. Se o Vidas Negras Importam é resultado da busca por um ânimo coletivo, o bolsonarismo é a construção política do desânimo coletivo.

Como pedir desculpas depois de fazer merda versão Pandemia:
É preciso colocar o celular na vertical, lembrem-se que agora o smartphone não é mais a segunda tela, o Bonner está desatualizado. Você tem alguém com cara de triste para segurar a sua mão? Pode ser útil, um marido desalentado, uma esposa desolada, esse tipo de coisa. Se a merda que você fez foi com um funcionário, é possível obrigá-lo a aparecer na câmera mediante chantagem financeira. Decore alguns termos como "fora de contexto", "aprendizado", "linchamento virtual" e "todos podem errar". Se o bicho realmente pegar, transforme o cancelamento em detox digital. Em duas semanas é só voltar como se nada tivesse acontecido.

VII

As palavras estão emburradas com o mundo. Estão seguindo a quarentena e não sei muito bem se serei eu a dizer a elas que é seguro sair.

Tento explicar que tem palavra que não tem o direito de não sair pois são consideradas essenciais, enquanto outras estão trabalhando com entrega para sobreviver. (Chegam pedidos novos de dor, absurdo, tristeza, medo, esperança, amor, saudade, morte, quase o tempo todo.) Essas palavras essenciais, não sei dizer quais são.

É um ano muito difícil para se procurar o sentido das coisas. Os números também parecem deformados. A matemática estranha dos números trágicos. Quanto mais grotescos, mais parecem se misturar à paisagem.

A imagem e os sons acompanham o desmantelar da realidade.

O horizonte multitela não tem profundidade de campo, apenas sua ilusão, são pixels alinhados num espaço plano que nos devolve uma luz cansativa. Dentro desses quadros de formatos responsivos ao aparelho que o reproduz, há também o próprio conteúdo absurdo do que se vê. É um meme, uma peça publicitária ou um crime capturado? Carrega tragédia, poesia ou deboche? Isto é um presidente? Isto é um país? Cruzes derrubadas por um homem que grita apontando a bandeira do Brasil, o que são essas cruzes, essa bandeira, o que é?

Os sons da pandemia também são uma coisa sem lugar. Buzinas e panelaços, barulhos que tentam contar uma história, um sentimento. Gritos, soluços, risadas distantes, tiros, crepitação de fogo, estalos de bruxismo, músicas de plantão jornalístico, gagueira, canto, oração, motor e o carro da pamonha passando na hora da reunião.

Nosso acesso ao mundo através das palavras, imagens e sons parece sabotado. Planificado na tela desinterativa. Digito o termo e o computador não reconhece, estico os dedos e a imagem não aumenta, aperto tocar e o som não é a música que eu esperava, mas uma cacofonia que antes foi carnaval.

Talvez em algum momento desta pandemia você tenha se perguntando: como dormem pessoas responsáveis por demitir professores por mensagem em janelas de navegador? Dessas que você fecha sem querer. Bom, a resposta para essa pergunta é bem simples. Primeiro, um banho bem quente ajuda muito. Higiene é fundamental. Depois, uma fruta para o estômago não ficar pesado antes de deitar. Ver o Top 10 da Netflix facilita na hora de escolher algo muito bacana. Antes de dormir, um storie fazendo o V de vitória com os dedos. Texto: Graças a Deus, vamos sair juntos dessa. Depois é celular no vibra e bons sonhos. Bandeira do Brasil, coração, mãos rezando.

As rachaduras sociais e históricas são uma boa representação da nossa democracia difusa, quando o acesso às coisas se dá pelas frestas, sendo o destino do país mapeado pelas próprias cicatrizes. A precariedade é o mais longo e bem-sucedido projeto de país instituído nesta porção de terra. É a construção do povo que batalha para pôr comida na mesa e o arranjo disso como uma identidade para abafar a pergunta: Que tipo de tragédia é essa em que é preciso batalhar para pôr comida na mesa? E mais, na mesa de quem?

Enquanto no Instagram pessoas entediadas escreviam sobre devaneios poéticos que as manchas na casa proporcionavam durante a quarentena, no WhatsApp a campanha *Eles querem que você trabalhe enquanto eles se isolam* estava a todo vapor. Isso se comunicava diretamente com sentimentos que estavam prontos para aflorar. A direita, quando quer, fala até de desigualdade.

É de pensar, ainda é *home office* quando sua internet que já é ruim é compartilhada com os filhos que precisam ver um professor extenuado explicando matemática com a voz distorcida pelo *delay*? Não é preciso ir muito longe para concluir que um novo modelo de precarizado está em curso, o precarizado remoto. É mais uma rachadura que se abre, já que a interface de trabalho do precarizado remoto é sua própria precarização doméstica e particular. Espaço e concentração são recursos nem sempre disponíveis.

Mas rachadura também é fresta. Se o acesso à informação é complicado ou caro, o zapzap é simples, aberto e vem de uma fonte que faz sentido, pessoas ou próximas ou que têm um interesse em comum. É sintomático e não devemos esquecer que o WhatsApp é uma ferramenta de conversa, e conversa é até hoje a mais poderosa tecnologia humana.

Quando idosos começaram a utilizar o WhatsApp eu fiquei particularmente fascinado. Minha mãe, por exemplo, nunca participou de nenhuma outra rede digital, nem sequer usava e-mail, pulou todas essas coisas e foi direto para o mensageiro. Mais profundo do que dedicar isso à simplicidade do aplicativo, é pensar na ideia da solidão compartilhada. O fenômeno faz parte da lógica de produtividade moderna, o tempo é nada mais que espaço de produção. As interações em sua maioria buscam ser úteis de alguma forma para a função do trabalho, até mesmo o desabafo porque Fulaninho é braço curto e foi promovido, Fulaninha fala com a gente como se fosse a última bolacha do pacote, Chefinho pede pra equipe vestir a camisa e trabalhar no fim de semana para que tenha tempo para reclamar sobre o quanto é ruim ser empresário no Brasil etc. O desabafo serve para respirar fundo e suportar a rotina de produção. Quando surge um ensaio de conversa é para variar nas frestas do dia, por exemplo, num bebedouro ou no almoço, sendo quase certo que o assunto cairá nas histórias do próprio trabalho, fofocas, crises, em muitos lugares que trabalhei isso era chamado de rádio peão, um nome maravilhoso, vamos combinar. A rádio peão, no entanto, não faz parte, que eu saiba, de qualquer contrato de Valores e Missão de nenhuma empresa: ela acontece quase subversivamente. O que seriam papos improdutivos causam constrangimento e é por isso que muita gente se sente tão estranha quando um idoso se senta ao seu lado num ônibus e começa a conversar sobre a vida. Já está fora do escopo social a conversa sobre a vida, isso é coisa destinada para momentos de escapismo, como o bar, e momentos de intimidade ou de terapia. O idoso que puxa assunto desestabiliza porque é um sujeito compartilhando algo com alguém sem ser pela via de produção, e além disso, sua imagem é um tipo de lembrete à condição infalível e irremediável da vida. Estes, que cometem o que chamamos de "jogar conversa fora", acabam denunciando o estado de solidão compartilhada em que vivemos, pois estamos geralmente cercados de gente e distantes delas, a conduta adequada é a de ficar na sua, no seu espaço; qualquer evento que quebre o ritual fora dos ambientes destinados a isso é inquietante.

Pouco se fala sobre a transformação nas formas de se conversar via redes sociais; destaco principalmente a falta de linearidade e temporalidade, já que o assunto é uma hashtag, um cruzamento de conversas que sofrem interferência aleatória, muitas vezes sem começo, sem fim, essencialmente morais sem enredo, explícitas sem intimidade. Voltando então ao WhatsApp, ele não é somente simples, ele originalmente retoma, ainda que só na promessa, a ideia de conversa jogada fora, é levar o bebedouro da fofoca no bolso, o ouvido desconhecido no transporte na mão. O sucesso do aplicativo se dá por surpreendentemente retomar uma ideia de humanização, pelo menos em sua proposta; faz todo sentido que tenham sido os comerciantes de bairro os pioneiros na ideia de contato com clientes pela plataforma. Hoje muito desse ímpeto se perdeu e o espaço de intimidade para muitos se transformou na primeira ansiedade do dia. Sabe, eu acredito no bafo matinal como ferramenta evolutiva. É uma evidência que a gente não foi feito para interagir com ninguém ao acordar. Qualquer Bom-Dia antes das sete da manhã eu recebo como ameaça. Principalmente de estranhos. Deveria ser motivo para ordem de restrição judicial. A única pessoa cujo Bom-Dia antes das sete da manhã é bem-vindo é a moça que vende bolo e café na saída do metrô, para ela sim é um bom-dia, para o resto é apenas dia. Mas o aplicativo não tem cheiro, nem remela, nem fica com a cara amassada. Em algum momento se tornou socialmente aceitável tratar de assuntos que não sejam urgentes e que precisem de um cérebro totalmente desperto para responder logo ao acordar. É a ideia construída de que o está conectado está disponível, e como agora estamos conectados o tempo todo, estamos sempre disponíveis. Inclusive é um processo de desumanização, já que ter corpo humano é ter todas as suas indisponibilidades, como cansaço, bafo, sono, fome, dor, preguiça, entre outras coisas esquecidas na promessa da praticidade.

Uma das expressões que surgiram a partir das tecnologias práticas é o *Plug and Play*, ou seja, algo que é só plugar e usar, sem a necessidade de se ajustar muito. A ideia do *pronto para usar* tem muitas vantagens, mas ela também nos afasta da noção do todo. Daí que você não precisa saber a engenharia por trás do sistema de acionamento de uma descarga, e isso é ótimo, certo? Imagina depois de decifrar uma fechadura eletrônica de banheiro ainda ter que configurar a privada. Então tudo certo com as vitórias da praticidade. Agora, se o negócio parar de funcionar, pode ser relevante o fato de você não ter a menor ideia de como funciona uma descarga enquanto contempla a água subir sem parar tendo poucos segundos para resolver o que fará com sua dignidade ou suas calças.

Uma das consequências de se acessar as coisas apenas pelas frestas é que a noção do todo deixa de importar, justamente porque você não tem o direito e as condições de enxergar as coisas de forma ampla, ver a imagem completa. É como acessar a internet discada, no famoso tempo em que tudo isso aqui era mato. Levava um tempo enorme para uma imagem aparecer inteira e muitas vezes terminava quebrada, incompleta, um quebra-cabeça impossível de se completar porque as partes faltantes da imagem não te pertencem. Mas então surgem pessoas e grupos que dizem: *Ei, mas olha só, eu tenho essas peças que faltam para completar a imagem, eu te ofereço o acesso ao qual você não tem permissão*. Às vezes é literalmente isso, um perfil dizendo ter acesso privilegiado a informações de um governo. Essas teorias conspiratórias também são *plug and play*, para utilizar basta ter um mínimo de conceitos comuns meio vagos, tipo, *a mídia te esconde a verdade* e pronto, uma forma de acessar a realidade é oferecida.

Essas peças que completariam a imagem, no entanto, a tornam ainda mais estranha. Sendo assim, é preciso novas explicações e elas surgem aos montes e se remontam via rede. Não se trata somente de buscar respostas, mas de construir coletivamente uma resposta. Acontece que para que uma resposta seja de fato coletiva, é importante que ela seja simples. Para falarmos com mais pessoas, o caminho mais fácil é simplificar. E eu defendo a estratégia de tornar as coisas mais simples, como forma de democratização. Mas o simples não precisa ser ingênuo, empobrecido, capenga. O simples pode ser honesto e autêntico. O problema é quando o simples se apresenta na forma de uma resposta pronta para usar.

Quanto mais complicado é o problema, mais atraente se torna a resposta simples. Como no caso da reação à Covid-19: o senso comum acredita num valor moral próprio do trabalho, o fechamento total implicaria em suspensão de trabalho, portanto, quarentena é coisa de vagabundo. Claro que é só essa última parte que é destacada no meme, mas este é o poder da mensagem, ela dá uma conclusão que só pode ser alcançada através de premissas prontas, e é óbvio que seja feito assim, a cobertura do bolo de aniversário só pode vir com o bolo dentro. Este é um grande poder das redes sociais: a capacidade quase inesgotável de disseminar premissas prontas, é uma *vending machine* de papinho, escolha, pague com dopamina e viva feliz com seu papinho embalado a vácuo e desidratado pelos próximos dois minutos, depois volte e repita.

Apresentar-se como alguém que permite acessos, portando um *provedor social*, tem sido uma estratégia de sucesso. Ela tem muito a ver com nossa relação com a TV e com a indústria cultural decorrente. Lembro que eu gastava muito tempo folheando à toa revistas de famosos, basicamente uma pornografia de privilégio. Apresentadores, atores e atrizes e suas mansões, as mesas cuidadosamente arrumadas para a foto, cada detalhe dos cômodos exposto, músicos e seus jet skis, o sorriso meio débil corrigido na pós-produção, assim como a tonalidade da pele. Alvos, descontraídos, limpos, a vida dos famosos e suas festas. Esse tipo de produto de entretenimento teve várias versões, em quase todos os programas de sucesso. Um quadro do Gugu acordava famosos com buzinas; antes, se atravessava toda a casa, gerando cuidadosamente a expectativa sobre o evento. Como o famoso dorme? Pelado, vestido? Quem dorme com o famoso? E como é sua imagem ao acordar?

É o fetiche dos bastidores. Cabe aí até um desejo de contravenção inocente, ver a suposta cara desconstruída da atriz bonitona, já que todos na vida real acordam em estado de vulnerabilidade. No fim, ao ver que tudo é obviamente uma armação, o expectador não se frustra, pois ele é cúmplice da simulação, torce para que no fundo esteja errado e que existam pessoas que acordem assim, que exista um Éden possível, que exista a vida perfeita. Ao acordar o famoso com buzinas, o humor surge dessa sensação de desestabilização, típica da comédia, que provisoriamente busca uma desforra, pois quem acorda geralmente com pressa, assustado e irritado é o povo comum.

O *Vídeo Show* entregava em seus erros de gravação o mesmo efeito, eles erram também, os seres distantes do planeta Projac e suas ideias de subúrbio, musa e galã.

E eis que um comediante se candidata a deputado federal e é eleito com votação histórica depois de lançar slogans como: "O que é que faz um deputado federal? Na realidade, eu não sei, mas vote em mim que eu te conto". Isso foi no longínquo ano de 2010, ou, se preferir, foi ontem, no tão próximo ano de 2010. Quando assumiu não saber o que faz um deputado federal e disse que iria contar aos eleitores se chegasse lá, Tiririca se tornou provedor social, com a diferença que ele não foi o anônimo com acessos privilegiados do governo, ele foi o famoso que explicitamente se prontificou a contar como funcionam as coisas inacessíveis. É onde o entretenimento e a política se encontram no Brasil há décadas.

Se antes o *CQC* corria atrás de políticos em Brasília, era para se mostrar como os provedores de acesso; hoje a linguagem se adaptou a um novo tempo com o mesmo cacoete. Pegadinhas, receitas de saúde de famosos, festas de *influencers* (mesmo em meio à pandemia), dicas de jovens que investiram na bolsa e ganharam o primeiro milhão, segredos para emagrecer, vídeos mostrando segredos que você não viu no último filme do Batman, deputados gravando protestos ou votações na câmara, tudo isso faz parte da mesma história na qual estão as fake news. É tudo uma tentativa de preencher o desejo e a necessidade do acesso. Ninguém acredita que a Terra é plana, algumas pessoas acreditam fazer parte de um grupo que tem acesso à verdade de que a Terra é plana, esse é o ponto. Suponhamos que amanhã eles vençam e todos passam a acreditar que a Terra é plana, então eles mesmos terão que criar uma nova teoria, a da Terra rosquinha ou da Terra barquinho de papel, já que não é acesso privilegiado se todos concordam com você.

VIII

Um pessimista, um cínico e um cético entram em um bar no fim da pandemia, assim começa a piada. Não sei como termina. Nessa história não devo ser nenhum dos três. Estou mais para o garçom pigarreando, ele está fora de quadro.

A ideia mais perigosa no Brasil hoje é a de que não temos mais nada a perder.

É certo que o país é constituído por uma maioria de pessoas às quais muito pouco é garantido. É igualmente certo dizer que os que menos possuem são os que têm mais a perder. Se perdem, o custo é imenso, quando não definitivo. No país de torneiras secas, higiene é fortuna. O que há pra ser dito entre outras coisas é que somos pobres. Não entender isso é como colocar a máscara no queixo, na testa, nos olhos. Importante sempre dizer que a desigualdade não produz somente pobreza, mas também riqueza. Por isso o Botox e a borracha não param. Um a cada quatro brasileiros não tem acesso à internet e 35% não têm rede de esgoto. A pandemia trouxe consigo um verniz de fim dos tempos quando na verdade deixou claro a incapacidade do nosso modelo atual de incluir a todos no que podemos chamar de políticas de dignidade. É preciso reinaugurar a esperança a partir de outros termos. É urgente romper as redes digitais de desânimo onde trocamos nossa capacidade imaginativa pela simulação de pertencimento. As torneiras estão secas e pintá-las de outra cor não resolve o problema, a água é o que nos interessa. Devemos comunicar que o fascismo é um deserto, não entrega nada, não constitui nada. Muitos democratas ilustrativos servem ao fascismo mais que os próprios fascistas declarados. Defendem com unhas e dentes o direito de responsabilizar o povo pelas escolhas que o povo não teve e a isso chamam de *jogo democrático*. Não é um jogo se a premiação é diferente para ambos os times. Se um perder, carrega consigo a ressaca do fracasso, se outro perder, a chance é de ser exterminado física e simbolicamente. Povos indígenas não estão simplesmente aborrecidos com os memes neonazistas do governo federal, estão lutando pela sobrevivência de todos os seus tempos: passado, presente e futuro. Mães de crianças assassinadas em casa não estão disputando o número de seguidores no Twitter com perfis de direita. É um problema que já está além de uma crise de discurso ou de uma questão de perspectiva; devemos considerar até que a própria ideia de perspectiva pode estar caducando através da mediação destes assuntos em rede social.

Perdemos palavras, línguas inteiras de povos originários prestes a serem extintas e com elas sonhos de outras experiências viventes, não civilização — um conceito com cheiro de cinza, óleo e sangue, mas convivência. Conviver hoje é um termo opaco, gastado por fábulas corporativistas e campanhas de marketing social. Conviver remete a algo ingênuo, romântico para o século XXI. Acontece que conviver nos é algo extremo. Conviver é duro como a guerra e mais radical que ela. Conviver é árduo, reduz vantagens, comodidades. Conviver diminui território, implica luta contra aqueles que decidem que ninguém irá conviver. Conviver é brutal.

Estamos preparados para repensar a convivência e não a deformar como dominação? Estamos realmente interessados em convivência ainda que isso nos custe reduzir consumo, preparados para sermos radicalmente conviventes? Porque convivência não tem meio termo. Não convivemos. O morro não convive com o asfalto. O colonizador não convive com o colonizado. Eles coabitam a mesma história, cada um em uma camada da crise.

Essa é uma das histórias que eu gostaria de contar sobre a crise da Covid-19, daqui a dez anos: a pandemia com suas centenas de milhares de mortos nos perguntou em alto e bom som: queremos convivência? Mais do que isso, suportamos convivência? Conviver evoca uma demanda prática acerca da nossa relação com o trabalho e o meio ambiente. Conviver implica não somente o acesso, mas a conexão solidária. O mundo já fez sua escolha antes da pandemia, mas a tinta do seu pacto sinistro foi reforçada em 2020. Há uma definição técnica aceitável que diz que as redes sociais são redes de reciprocidade, mas este é um conceito bem difuso. Redes sociais caminham para ser outra encarnação da colonização e dominação, dessa vez fragmentada. São redes de poder. Os *influencers* digitais são senhores-escravos de sua audiência, no fundo, presos a enredos que não aceitam contradições, ou seja, que não aceitam o humano. O anonimato é ao mesmo tempo arma e defesa, serve tanto para a disseminação de ódio quanto para a proteção contra ele. Representa a dualidade trágica do nosso tempo. Parece um jogo metafísico, o gato dentro da casa está vivo e morto até que se abra a caixa. Abrimos a caixa? Ela ainda está fechada? A democracia está viva e morta ou só viva ou só morta? Justamente agora quando temos a presença do outro nas nossas vidas mais do que em qualquer outra época que precisamos pensar em alteridade. O outro aparece em diversos rostos e gestos ao longo de um dia, o outro é visto comemorando uma promoção, procurando dicas de como cuidar das plantas, o outro anuncia o suicídio instantes antes do ato, competindo com memes sobre boletos. O outro invade sonhos, o prato, o sexo, invade a morte. O outro é uma paisagem quadriculada numa reunião de trabalho, de pais, de amigos. O outro tira uma selfie antes de morrer afogado, o outro pergunta sobre suas convicções acerta do sistema soviético, sobre o feijão ir por baixo ou por cima do arroz, sobre a forma certa de estar constantemente errado. O outro está aprovando o novo Coringa e bloqueando ambulâncias, orando pela saúde do presidente e perseguindo crianças por abortar fruto de estupro, está estuprando e transmitindo, o outro está expondo o abuso de um grande nome da intelectualidade. O outro é minha labirintite, minha gastrite, meu pânico noturno, meu tesão, minha salvação, minha esperança. O outro está perguntando: "Quem É Essa Gente Toda Aqui?", e divulgando link na bio. Esta é uma boa pergunta. Por aqui, eu estou produzindo basicamente lixo, há meses, confinado, agora um pouco menos, depois, quem sabe.

Lendo o aviso cínico das embalagens: *Não receber se o lacre estiver violado*. Conferindo se meu microfone está ligado e se ainda sinto o gosto das coisas, o cheiro. Ajustando meu despertador, procurando *playlists* para dormir, caindo sem querer na live sem público de um amigo que dá exercícios de respiração ou algo do tipo porque eu saio antes de saber, ou fico pela amizade sem assistir.

Exercendo o privilégio de poder contar os dias, lembrando de quando morei em casa sem janela. Não me importando tanto mais com o clichê, embora não tenha nem bicicleta e nem cachorro. Desenvolvendo algum tipo de hipocondria social e perdendo diariamente a noção espacial. Esbarrando até em esperança e relembrando que ela dói. Questionando vez ou outra minha condição mental enquanto observo a caixa se abrindo lentamente, como um guarda-sol que tapa as areias quentes de um feriado, como um guarda-sol que esconde o cadáver frio no corredor da loja. E talvez não exista surpresa que sejamos eu, você e o outro, a coisa indefinida dentro da caixa.

Na pandemia, a internet também serve para as pessoas confirmarem que o mundo ainda é o mundo. Eu prefiro um pastel de feira bem recheado, quando puder. Vai querer vinagrete? Vou. Saladinha? Vou. Pimenta-ketchup-mostarda? Vou. É no dinheiro ou no cartão, moço? Vou. Moço? Vou. Moço, o senhor ainda tá aqui? Vou.

Sobre o autor

Ricardo Terto, 35 anos, nasceu na periferia de São Paulo, onde viveu por 31 anos. Autor de *Marmitas frias* e *Os dias antes de nenhum*, é produtor, roteirista e editor de podcasts.

© Ricardo Terto, 2021

Todos os direitos desta edição reservados à Todavia.

Grafia atualizada segundo o Acordo Ortográfico da Língua Portuguesa de 1990, que entrou em vigor no Brasil em 2009.

capa
Todavia
composição
Manu Vasconcelos
revisão
Huendel Viana

Dados Internacionais de Catalogação na Publicação (CIP)
— —
Terto, Ricardo (1985-)
Quem é essa gente toda aqui?: Internet e acessibilidade no Brasil da pandemia: Ricardo Terto
São Paulo: Todavia, 1ª ed., 2021
56 páginas

ISBN 978-65-5692-018-4

1. Literatura brasileira 2. Ensaio I. Título
CDD B869.4
— —
Índice para catálogo sistemático:
1. Literatura brasileira: Ensaio B869.4

todavia
Rua Luís Anhaia, 44
05433.020 São Paulo SP
T. 55 11 3094 0500
www.todavialivros.com.br

fonte
Register*
papel
Pólen soft 80 g/m²
impressão
Meta Brasil